DU

MINISTÈRE NOUVEAU,

PAR A. CERCLET,

ANCIEN RÉDACTEUR GÉNÉRAL DU PRODUCTEUR.

PARIS,

CHEZ DELAFOREST, LIBRAIRE,

RUE DES FILLES-SAINT-THOMAS, N° 7.

1828.

IMPRIMERIE DE DAVID,
BOULEVART POISSONNIÈRE, n° 6.

AVANT-PROPOS.

Ce petit écrit, je le sens, va choquer bien des idées aujourd'hui dominantes. C'est cependant l'œuvre d'un homme de bonne foi, aussi n'a-t-il pas hésité à le publier. Par les travaux d'un écrivain, l'on juge à la fois son esprit et son caractère. Je sacrifierai volontiers la vanité à l'honneur. Et si mes idées paraissent fausses et nuisibles, je prie ceux qui les trouveront telles, d'attribuer ce double défaut à une misérable nature de mon intelligence, aux conséquences d'un système chimérique, plutôt que des intentions mauvaises.

J'appartiens à une classe de penseurs qui, sur l'importance relative du pouvoir central et des garanties politiques, varie d'opinion avec quelques écrivains de l'opposition. Nous respectons les libertés publiques, nous en avons déploré l'abandon sous le ministère précédent, nous nous réjouissons de les voir sortir victorieuses de la lutte; mais nous croyons, de notre temps surtout, les garanties sociales plutôt bonnes à limiter qu'à régler l'action du pouvoir central. Il doit être l'agent principal de la prospérité publique; c'est de lui qu'on doit émaner la pensée première, surtout quant aux moyens d'exécution. Les autres

pouvoirs, les libertés publiques, lui doivent ser-
vir d'appui, de conseil, de frein quand il s'é-
gare, mais ils ne doivent point prétendre à la
direction suprême des affaires. En conséquence
nous ne saurions approuver que la totalité
des conseillers de la couronne, fut choisie
parmi les hommes qui ont fait de ces libertés le
sujet principal de leurs travaux, et la pièce la
plus importante de la machine polititique. Après
des alarmes aussi universelles et aussi chaudes
que celles excitées par la marche du dernier ministère, il serait dangereux que le cabinet ne
comptât pas dans son sein quelques uns de ces
hommes que la voix publique a désignés, pour
prix du zèle avec lequel ils se sont opposés au
mal : une pareille exclusion serait injuste aussi,
car tout service public mérite sa récompense.
Mais si la France s est jetée avec un complet abandon dans les bras de l'opposition, ce n'est pas
qu'elle lui appartient en propre, c'est qu'exaspérée
par les tentatives hostiles du dernier ministère,
elle a pris pour défenseurs ceux qui pensaient et
voulaient différemment. Elle ne partage assurément
ni tous les plans, ni toutes les pensées de ceux-
ci ; et si elle concourt avec eux, c'est plutôt dans
les choses qu'elle ne veut pas que dans ce qu'elle
désire. Heureuse (si les oppositions envahissaient
complétement le ministère) tant que ces nouveaux chefs ne feraient que réparer le mal passé ;

elle aurait probablement de justes sujets d'alarmes, quand ils commenceraient à réaliser leurs
idées propres, et appliquées leurs vues politiques particulières. Il y aurait également danger,
quoique dans un avenir plus éloigné, à ne pas
conserver dans le cabinet des hommes d'affaires,
revenus des erreurs de l'ancienne administration
si jamais ils y ont adhéré complétement, qui par cela
même n'appartiennent en propre a aucun parti,
et qui sont par position seulement à tempérer le
mouvement de réaction ; or c'est ainsi que j'ai
jugé devoir être quelques membres de ce cabinet
actuel que l'on vient éliminer dans sa presque
totalité; peut-être me trompé-je : je ne le désire
ni pour la France ni pour eux.

En peu de mots, la réunion d'hommes de tribune
et d'hommes d'affaire dans le nouveau conseil,
me paraît seule propre à garantir le maintien des
libertés, la stabilité du trône, le repos de la
France, le développement des germes de bien
être réel dont elle est si riche, et la rapidité de
ses progrès dans la carrière de la civilisation.
D'ailleurs, deux pouvoirs existant en France, la
couronne et les chambres, il faut que chacun
d'eux concourre à la formation du cabinet, autre-
ment ils seraient en guerre ouverte ou cachée ;
et je ne vois rien la pour là prospérité publique.
Un tel désir ne saurait être blâmable, peut-être est-
il prématuré, peut-être le temps n'en est-il point

venu, peut-être le pays est-il condamné à subir encore une ou plusieurs réactions, avant de pouvoir se défier des partis extrêmes dans l'ardeur même du combat, et malgré l'énivrement de la victoire, avant d'avoir appris à distinguer le mal dont il veut la fin du bien dont il désire l'accomplissement, avant de savoir partager heureusement sa confiance.

Mais me fussé-je trompé sur ce point, la publication de cet écrit, la manifestation de mes désirs n'offrent aucun danger. S'il ne faut pas de long-temps penser à de pareilles choses, ce sera toujours un jalon placé dans la route de l'avenir; et dans les querelles politiques, des paroles neutres ont quelque fois adouci l'ardeur de l'esprit de parti.

Encore une explication. Quand je parle du ministère nouveau, je ne veux pas dire la totalité des membres qui le composent, ni la majorité; j'entends par là l'esprit général qui, selon moi, peut seul l'animer aujourd'hui, même dans les hommes qui ont tenu à l'ancienne administration. Je ne prends fait et cause pour personne; et si, en définitive, mes conjectures sur les individus ne sont pas applicables aux membres actuels du cabinet, il faut prendre que je n'ai pas demandé le maintien de tel ou tel nom propre, mais l'introduction dans le conseil d'hommes qui y arrivent par une autre voie que l'opposition, qui veillent à la conservation d'autres intérêts publics que ceux menacés par le ministère précédent.

Quelques heures encore et la question que j'agite sera peut-être décidée. Si l'une des deux classes d'hommes, dont je crois la combinaison utile, doit être complétement éliminée par l'autre ; il ne faut pas que la chose ait lieu avant qu'une conciliation ait été publiquement proposée, avant que les raisons de couserver dans le conseil deux espèces de capacité, deux tendances partant de points divers, mais arrivant au même résultat, aient été publiquement exposées. La marche rapide des évènemens excusera la publication séparée des deux parties de cet écrit. Dans la première, cel'e que je livre aujourd'hui au public, *j'essaye d'établir* que l'accusation portée contre le nouveau ministère de vouloir perpétuer le système de l'ancien, n'est ni probable ni fondée.Dans la seconde, je *démontrerai* par l'observation des sentimens et des intérêts en France, la nècessité de ne pas confier exclusivement à des hommes de l'opposition, quelque soient leurs talens et leur probité, la direction des affaires, et d'y appeler aussi des hommes neutres portés à donner plus d'importance à l'administration qu'aux objets de politique générale. C'est sur ce point particulièrement que je désire attirer l'attention. Si je me suis trompé sur le moment, les choses et les idées resteront ; et j'ai la conviction que tôt ou tard on reconnaîtra la vérité de quelques observations générales indiquées dans cet opuscule. Puisse néanmoins une voix neutre, se faire entendre des deux côtés, et faciliter une conciliation nécessaire en engageant de part et d'autre à l'oubli d'anciéns griefs, et à l'abandon de prétentions absolues.

Paris, 12 janvier 1828.

DU

MINISTÈRE NOUVEAU.

Une semaine est a peine écoulée depuis l'installation du nouveau ministère, et déjà, de toute part, des attaques sont dirigées contre lui ; elles ont commencé dès la veille de sa nomination officielle ; tous les journaux en sont pleins, et la *Gazette* elle-même a tenté de lui nuire par des éloges et des apologies. Chaque matin, dans de longs et nombreux articles, tous les argumens sont employés pour démontrer qu'il ne peut ni ne doit rester au pouvoir. Tous les argumens ! depuis l'établissement de principes généraux, jusqu'à la minutieuse discussion de faits de détail : on ne néglige rien pour lui prouver que, vieux à peine de huit jours, et n'ayant encore rien fait, il ne lui reste qu'à se retirer en masse, comme le devrait faire un ministère qui aurait long-temps pesé sur le pays, et dont l'administration vexatoire aurait lassé toutes les patiences et soulevé le courroux d'une nation entière. Le peu d'actes officiels qui lui sont échappés, les bruits de ville, les suppositions, les conjectures, les insinuations, tout est mis en œuvre dans ce but.

A cela le ministère ne répond rien : et la raison en est bien simple, c'est qu'il n'a pas de journal à sa disposition. Assurément ce silence ne peut, ni ne doit durer. Mais, jusqu'à ce qu'il cesse, la partie n'est point égale ; et, en attendant l'apparition d'un défenseur officiel, les réflexions d'un observateur désintéressé ne seront pas sans utilité ; elles tendront à rétablir l'équilibre.

Au reste, ce n'est point par un vain amour d'une justice *apparente,* ce n'est pas pour venir *en avocat au secours du plus faible*, que je vais soumettre à un libre et impartial examen la sentence de mort, déjà si répétée, contre un pouvoir encore si récent ; c'est tout uniment parce que je crois que le concours actuel de toutes les nuances d'opinion n'est plus qu'apparent ; c'est parce que je ne me sens plus persuadé qu'en ce moment les journaux expriment exactement le vœu général.

Deux mots d'explication à ce sujet avant d'entrer en matière.

On se tromperait si l'on croyait que les feuilles publiques représentent toujours l'opinion ; dans mainte occasion elles sont obligées de la devancer ; et pour ce faire, il faut qu'elles se livrent à des calculs, à des conjectures sur l'avenir ; sujettes à erreur comme tout ce qui est humain, elles peuvent alors se tromper ; indiquer le mal à éviter ou le bien à faire, est une tâche qui leur est propre. Il leur est facile, sur ce sujet, de recueillir la

voix publique; mais quant audétail des moyens
d'exécution, au choix des hommes surtout, une
foule de causes, inutiles à énumérer, rend pour
elles l'erreur imminente.

Les événemens qui se sont passés depuis quelques mois, me fournissent un exemple bien clair
pour l'explication du principe que je viens dé-
noncer.

Nous desirions tous la défaite du parti-prêtre;
et la plupart ne la croyaient possible que par le
renversement du ministère que le jésuitisme avait
entraîné dans une voie fausse et désastreuse.

La résistance des corps savans, celle de la ma-
gistrature et de la chambre haute, dans l'ordre
légal; les manifestations de joie plus ou moins
régulières de la population à chaque revers de
l'administration, les allusions satiriques contre le
pouvoir saisies partout avec enthousiasme, l'occasion de les saisir partout demandée avec une
turbulence si opiniâtre, et enfin le soulèvement
constitutionnel de tous les électeurs du royaume;
ces évènemens nombreux, et pressés la plupart
dans l'année qui vient de finir, ont suffisamment
fait voir que le vœu général était bien prononcé
contre la congrégation et contre le ministère qui,
pour son malheur, fut condamné à en être l'in-
strument. Mais avant que cette opinion fut una-
nime et ferme au point d'amener des élections
presque partout opposantes, malgré l'ascendant
contraire du gouvernement et au sortir de six

mois de censure; long-temps avant, dis-je, que nous n'eussions tous qu'une même pensée et qu'un même sentiment, des journaux avaient déjà exprimé ce sentiment et cette pensée. Alors, ils devançaient l'opinion, ils lui dénonçaient un mal qui, peu apparent encore, ne frappait pas les yeux de tous; alors ils n'exprimaient pas l'opinion, ils cherchaient à la former; ils en étaient les instituteurs, plus tard seulement ils en devinrent les miroirs fidèles. Ces journaux ont été bons prophètes; à la bonne heure ! mais ils ne s'en suit pas qu'ils doivent l'être toujours; car d'autres alors niaient le mal, quelques-uns, et le plus prononcé même dans l'opposition actuelle, ont varié dans l'intervalle, et il en reste qui, encore aujourd'hui, ne veulent convenir de rien.

Ainsi changeant de rôle pendant le cours d'une période ministérielle, les journaux cherchent, dans les premiers momens à former l'opinion pour en être plus tard les interprètes : Le devenir est un prix qu'ils obtiennent, suivant qu'ils sont doués de plus ou moins de sagacité naturelle, suivant qu'ils sont plus ou moins bien inspirés par l'état des intérêts et par les doctrines de leur parti. Or, c'est précisément là que nous en sommes, la congrégation et son ministère sont tombés; la période, à l'ouverture de laquelle ils ont pris le pouvoir, est terminée, nous en commençons une autre. Les journaux qui naguère, en poursuivant l'ancien ministère, étaient les organes du public, ne sont plus aujourd'hui que ses éclaireurs, ou des plaideurs qui le haranguent, dans leurs précoces philippiques contre l'administration.

Je cherche à bien établir cette distinction, d'abord parce qu'elle détermine le degré de confiance que méritent les exigences de l'opposition; ensuite par un motif fort simple et qui m'est personnel; c'est que, si les réflexions auxquelles je vais me livrer me conduisent à une opinion différente sur le ministère: j'entends n'être pas confondu avec les écrivains ministériel ; ceux principalement qu'on appellait naguères de ce nom.

Avant la retraite du dernier cabinet, depuis les élections surtout, il n'y avait que l'intérêt de mauvaise foi qui put mettre en doute la justice et l'opportunité du vœux des oppositions; l'erreur même ne pouvait être alléguée comme excuse; car, il est d'époque en époque des choses que tout le monde sent, et qu'alors ancun homme, de bon sens du moins, n'est admis à ignorer, à ne pas voir, surtout à discuter; mais il n'en est plus de même aujourd'hui, une nouvelle ére ministérielle commence : combattre les journaux n'est donc pas fronder l'opinion; c'est examiner seulement à quel point ont tort ou raison ceux qui lui soumettent leurs conjectures, leurs calculs et leurs pronostics.

Je reviens à l'objet principal de cet écrit.

On demande communément que le nouveau ministère se retire en masse, parceque dit on, composé en majorité d'hommes qui ont, de près ou de loin, appartenu à l'ancien, il ne peut que vouloir en perpétuer le système.

On appelle à grands cris un cabinet composé en totalité d'hommes de l'opposition : seuls ils peuvent vouloir et faire le bien de la France.

La vérité n'est ni dans l'une ni dans l'autre de ces deux propositions, elles sont trop absolues.

Il serait dangereux sans doute de ne point appeler au conseil les hommes qui, s'étant acquis la faveur publique dans la lutte contre le ministère précédent, améneraient avec eux les voix d'une partie notable de la chambre. La cause qu'ils ont défendue était belle; les électeurs ont saisi avec ardeur l'occasion de leur donner une influence marquée sur les affaires; et malgré la retraite du cabinet qu'a perdu le jésuitisme, il n'y aura point pour le public de sécurité contre le retour de cet ordre de choses, s'il ne voit les chefs qui l'ont renversé, appelés au pouvoir.

Mais quoiqu'il en ait paru, ce même public ne partage pas toutes les pensées, toutes les vues des hommes qui ont obtenu ses votes. D'accord avec eux contre le système de l'ancien ministère, il n'accéderait certainement pas à la réalisation de tous leurs plans; et sans doute ils en ont à exécuter.

Le public est là, derrière les partis les oppositions; c'est en vue de lui que doit se décider la question actuelle, et il lui faut une double garantie : la première, que le mal causé par l'administration précédente sera réparé, et que des obstacles puissants seront mis au retour d'un pareil ordre de choses , et que nous rentrerons paisibles dans les voies de la civilisation. La seconde, que sortant des mains d'un parti, le pouvoir ne retombera pas entièrement dans celles d'un autre; que le conseil ne sera pas composé seulement d'hommes qui, préoccupés des hautes questions d'organisation sociale , veuillent continuer le mouvement politique au delà du terme naturel; qu'une fois les barrières de l'arbitraire relevées, et le pays arraché aux mains qui voulaient étouffer les lumières et arrêter l'essor de son industrie, c'est d'administration que l'on s'occupera, et non de politique générale. Après avoir souffert d'expériences faites sur elle pour la domination du clergé, il ne faut pas que la France ait à souffrir d'expériences pareilles faites au nom de l'aristocratie ou dans le sens de la démocratie.

On ne peut arriver à ce double but, qu'en admettant à la fois dans le cabinet des hommes de l'opposition, et d'autres hommes étrangers, soit au parti vaincu, soit aux partis vainqueurs. En d'autres termes , en introduisant dans le conseil actuel des ministres, les chefs désignés par la voix publique ; de telle sorte que les derniers arrivés donnent à la chambre l'assurance que n'existe et n'existera plus le système contre lequel elle a été nommée ; et que ceux qui ont remplacé im-

médiatement le ministère de Villèle garantissent
que l'action politique ne sera pas poussée outre
mesure , et que bientôt on reviendra aux intérêts
positifs.

Je parle ici des membres actuels du ministère
comme propres à ce dernier office, parce qu'il me
semble que n'ayant jamais appartenu aux oppositions par système, ou s'étant séparés de M. de
Villèle, et ayant accepté de le remplacer, ils sont
dans cette position neutre que nécessite une pareille tâche. Le seul soupçon qui plane sur eux,
est de n'avoir d'autres vues politiques que celles
de leurs devanciers.

Je vais examiner ce premier point dans la première partie de cet écrit.

Dans la seconde, j'établirai que malgré son
adhésion apparente, la France n'appartenant à
aucun parti , et ne voyant en eux que des instru-
mens dont l'action lui est bonne jusqu'à un certain
degré et nuisible au-delà, il importe de ne pas lui
imposer un ministère composé d'hommes attachés
à un parti; ce qui me conduit directement à la
composition du conseil telle que je l'ai énoncée
ci-dessus, comme au seul moyen de former une
majorité déterminée dans la chambre.

PREMIÈRE PARTIE.

Le nouveau ministère est en majorité composé
d'hommes qui ont appartenus à l'ancien, ils en
perpétueront le système.

Je dirai peu de chose sur ce point; l'approfondir mènerait à une discussion de personnes, et c'est ce que j'aurai toujours soin d'éviter. Je n'aime pas à défendre des hommes, comme je n'aime pas à en attaquer; non qu'une pareille intention soit toujours blâmable; dans certains momens des noms propres représentent très-nettement des opinions et des sentimens; alors poursuivre ou défendre des hommes, c'est attaquer ou protéger un système; mais cette manière d'argumenter ne convient pas à la nature de tous les esprits, et il en est certains qui se retirent quand la discussion en est venue là. Une autre raison m'oblige encore d'être bref dans cette matière; c'est que pour la traiter à fond, il faut être instruit d'une foule de détails qu'on n'obtient que par des liaisons personnelles. Or je ne sais que tout ce que le monde sait; mais c'est justement par cette raison que je crois pouvoir en parler aussi pertinemment que quiconque l'a fait encore en s'adressant au public. Car je n'ai, jusqu'à ce jour, entendu arguer contre le ministère que de choses que chacun sait ou peut savoir.

Si un homme vient qui ait assisté aux derniers momens de la précédente administration, à la naissance de la nouvelle, et aux séances du conseil depuis quelques jours, qui connaisse personnellement et à fond le caractère de chaque ministre, son esprit, ses antécédens et ses intentions

les plus secrettes ; si cet homme vient et m'apporte
des faits, de la nature du nombre et de la netteté
desquels, il résulte évidemment que le nouveau
ministère n'est que la *doublure* de l'ancien, comme disent les journaux, je me tairai devant lui ;
mais c'est ce que je ne saurais faire devant les
écrivains qui le répètent chaque matin. Ils
n'emploient, ainsi que je l'ai dit, que des faits
vulgairement connus ; les nouveaux ministres
ont, pour la plupart, eu de l'emploi sous les
précédens ; un membre du nouveau cabinet a
contresigné l'ordonnance qui nomme pairs du
royaume MM. de Villèle, Corbière et Peyronnet ; M. Delavau, bien que destitué de la préfec-
ture de police, est entré au conseil-d'état : on y a
placé M. de Rayneville. Voilà, si je ne me trompe,
les actes qui servent de base aux conjectures
sinistres du *Journal des Débats* et du *Constitutionnel*, encore faut-il en distraire la nomination
de M. de Rayeneville, qui a été contresignée par
M. de Peyronnet. Assurément de pareils choix de
la part d'un ministère établi depuis long-temps,
seraient pleinement significatifs ; mais la circonstance dans laquelle ils ont été faits, leur ôte ce
caractère ; de quelque manière qu'on s'en serve,
envisagés seuls, ils ne peuvent raisonnablement
mener qu'à des conclusions fort vagues, et pour
ma part, j'avoue qu'en les balançant par d'autres
faits de la même date, je suis conduit à un

résultat différent. Je n'en dirai pas autant de l'hésitation que fait soupçonner l'inaction du nouveau cabinet. Si cette hésitation se prolongeait, ce serait un fâcheux pronostic. Mais, si pressés que nous soyons par l'ouverture de la session, un pareil reproche admissible, lorsqu'une semaine à peine est écoulée.

Avant d'entrer plus avant dans les détails, dont je me propose d'ailleurs d'être fort sobre, je demanderai d'abord si cette intention supposée de se faire les continuateurs et les copistes de M. de Villèle, se présente au bon sens comme une chose probable.

Un ministre arrive au pouvoir porté par un parti puissant et nombreux; son début est facile, et riche en espérances; il obtient tout ce qu'il demande aux pouvoirs établis, même de changer les lois de l'état; d'heureuses élections lui envoient une chambre dévouée à son système ou à sa personne : à l'aide de cette chambre, il restreint toutes les garanties et réunit tous les pouvoirs dans ses mains. Mais à peine en est-il arrivé là, qu'il voit naître et grossir contre lui une opinion publique qui, malgré tous les efforts de l'autorité, s'exprime tous les jours avec plus de violence et plus d'impunité; chacun de ces projets rencontre quelque part un obstacle invincible; et les résistances sont saluées par des acclamations de jour en jour plus nombreuses; enfin, effrayé de voir sa majorité diminuer à chaque occasion solennelle, il essaye de profiter du pouvoir qui lui reste pour obtenir à tout prix une chambre plus riche en adhérens à sa personne : mais ses candidats sont repoussés de toute part, et, en quelques semaines, il est contraint de fuir, impuissant d'obtenir appui ni merci au prix de quelque concession que ce soit. Tels furent le commencement et la fin ; ces évènemens se sont passés sous nos yeux ; la cause en est connue ; et l'on veut que des hommes, d'un talent non contesté, qui ont vu tomber hier ce ministre entraîné par les conséquences de son système, se mettent aujourd'hui à sa place pour le seul plaisir de s'embarrasser dans le même piège, de tenter les mêmes impossibilités, et de braver toutes les forces de la société soulevées encore et menaçantes. Et ces imprudens sont, personne ne le nie, des hommes d'un mérite reconnu, d'une grande expérience dans les affaires, désireux probablement d'avoir comme chefs de l'état une carrière honorable et longue. On peut avancer et répéter une pareille inculpation, je le sais, et même j'en connais bien des raisons ; mais y croire en vérité il faudrait, pour cela, avoir la vue aussi courte qu'on la à suppose ceux que l'on dit capables d'un tel projet.

Si l'on examine en détail cette accusation qu'il est si facile de porter en gros, elle aura bien moins de vraisemblance encore. Quand M. de Villèle fut

assis au pouvoir, on vit, à côté des actes adminis-
tratifs qui lui étaient propres, commencer l'ap-
plication d'un système : sans doute il n'y adhéra
pas dans toutes ses parties ; quoiqu'il en soit,
pour réal ser ce système dans son ensemble, il
fallait faire et défaire des lois, déplacer des pouvoirs, abaisser des classes en élever d'autres ; quel-
ques-unes de ces mesures ont été tentées, mais
presque toutes ont échoué ; soit parce que les
corps dont la coopération était nécessaire s'y sont
refusé, soit parce que, mutilées dans les Chambres
et entourées de dé aveur par la discussion, l'exécution en est devenue impraticable ; il a fallu y renoncer. Quand à la partie du système qui est restée
en projet, ce n'est rien moins que la remise définitive de tous les pouvoirs dans les mains du
clergé.

Maintenant, quand on dit que le nouveau
conseil marche sur les traces de l'ancien, qu'on
s'explique. Le soupçonne t-on de vouloir recom-
mencer ou achever le système. Lui impute-t-on le
projet de représenter les lois sur le droit d'aînesse,
le sacrilège, la liberté de la presse, le jury, etc., où
pense-t-on qu'il se prépare à installer le clergé
pour réaliser les plans de M. de Lamennais ? Qu'on
réfléchisse sérieusement quelques minutes, qu'on
se rappelle la crise d'où nous sortons, qu'on jette
un coup d'œil sur les noms des membres du conseil, c'est plus qu'il n'en faut pour faire sentir
l'absurdité de l'inculpation. Non, non, les hommes à théocratie sont maintenant plus loin que

jamais de leur but, et les garanties politiques sont
pour long-temps à l'abri de toute atteinte. La leçon
sur ces deux points, sur le dernier surtout, a
été pleine et entière. Il est évident que, détruites
sous une forme, les libertés publiques se repro-
duisent sous une autre; et, que lorsqu'on a con-
sumé les forces de l'administration pour obtenir
des pouvoirs constitués, qu'elles soient rayées
des lois, on ne possède cependant qu'un chiffon
de papier. Il n'est personne qui ne le sente ; et il
faudra que ceux à qui ces libertés sont rendues
aujourd'hui, en fassent un étrange abus avant
qu'il se trouve un ministère assez audacieux pour
vouloir les attaquer, ou assez malheureux pour
être obligé de le faire.

Si l'on me dit qu'en accusant ce ministère de
vouloir perpétuer le système, on entend seulement qu'il continuera d'entendre et d'appliquer
les lois existentes, dans le même sens ; je n'ai
qu'une chose à répondre. C'est que la chambre
est là pour l'empêcher, et qu'elle se trouve
composée de manière à le pouvoir ; à plus forte
raison, de manière à ôter cette tentation à tout
homme de bon sens.

Et de quoi conclut-on une pareille invraisem-
blance ? De quelques actes échappés à ce pouvoir
nouveau, pendant les deux premiers jours de
son existence, et par lesquels il a laissé subsister, amoindries toutefois, quelques existences politiques qui composaient ou ont servi l'ancien mi-

nistère. Qu'importent quelques pairies, quelques charges de conseillers-d'état de plus ou de moins ? si c'est à ce prix seulement qu'on a pu obtenir, sans secousses, sans un violent éclat de l'opposition parlementaire, la retraite du pouvoir qu'a perdu une direction fausse et désastreuse.

Il est d'ailleurs des usages qu'on observe dans tous les cas qui se ressemblent, ne fût-ce qu'en apparence. Si ces usages portent sur des récompenses, à la fin de certaines fonctions, ne pas les accorder, c'est punir. Or, ce n'était point au nouveau ministère à punir l'ancien ; il a donc dû agir avec lui comme la chose se pratique toute les fois que le ministère se retire en masse, sans accusation formelle de la part des chambres : C'est à celles-ci seulement de juger si les honneurs accordés auraient dû ne pas l'être.

Je ne parle pas ici de la justice de ces récompenses en elles-mêmes ; je ne m'en occupe que dans leurs rapports avec le nouveau ministère, et je dis qu'on n'en saurait rien conclure avec assurance sur sa direction politique ; c'est un fait qui peut avoir une grande valeur dans des considérations sur la morale publique, dans l'appréciation politique de cet usage lui-même et en l'envisageant sous plusieurs autres points de vue, mais il est de nulle valeur comme base de conjectures sur le système de l'administration actuelle.

Maintenant que l'on y fasse bien attention tous les faits dont on s'appuie pour nous effrayer sur les intentions du ministère, sont de cette classe ; ils appartiennent au passé, et l'on ne peut pas les regarder comme des mesures de son administration. Il n'est donc ni de bonne guerre ni de bon sens, d'en tirer rigoureusement des conclusions sur l'esprit du cabinet, comme on le ferait s'ils en étaient émanés à toute autre époque de sa durée.

Mais ces actes ne sont pas les seuls qu'ait produit le nouveau ministère. Il a fait dans le peu de jours qui viennent de s'écouler, un tout autre usage des pouvoirs qui lui ont été confiés ; la création d'un ministère de commerce, la séparation des cultes et de l'instruction publique, la suppression de la police générale, la destitution de deux fonctionnaires supérieurs, le choix du magistrat appelé à remplacer l'un d'eux, l'excellente allocution de ce magistrat, l'arrêté sur la librairie, la réintégration de MM. Hyde de Neuville, Legendre et Michaud. Ne doit on pas conclure de toutes ces mesures, le desir de reparer les injustices de l'ancienne administration, l'intention de renfermer l'influence du clergé dans ses véritables limites, de se séparer nettement de la congrégation, de renoncer aux mesures arbitraires et vexatoires qu'entraine une trop grande importance donnée à la police, de ne plus tracasser la presse, enfin le projet de placer à leur rang d'importance les intérèts du commerce, et de favoriser les développemens de l'industrie. Au contraire de ce que j'ai dit des actes reprochés au ministère, que les circonstances dans lesquelles ils sont émanés, leur font perdre u e grande partie de leur valeur significative, ceux-ci sont très-concluans; car, personne de nous n'en saurait douter, au premier rang des motifs qui les ont inspirés, se trouve l'intention qu'ils servent au public de mesure, dans le jugement qu'il est toujours si impatient de porter sur une administration nouvelle. Assurément, d'autres points plus importans sont à régler, et des réformes de la nature de celles-ci, mais d'une toute autre proportion restent à opérer. Et l'on demande, tout naturellement, pourquoi le ministère n'est pas entré plus avant dans cette voie. Cette observation frappe au premier abord; mais si le ministère n'est pas complet, s'il le sent, s'il travaille à se rendre tel, il a dû se contenter d'actes indicatifs de sa tendance, et réserver les grandes questions à décider, pour le temps où seront réunis tous les hommes qui doivent le composer.

Une objection reste encore :

La plupart des membres du cabinet ont occupé des emplois sous le ministère tombé. Le fait est vrai; la conséquence qu'on en tire d'une manière si absolue ne me parait pas juste. Un homme engagé dans les affaires peut fort bien improuver les combinaisons politiques générales du gouvernement, et rester à la tête d'une branche particulière de l'administration. Ce concours, cette déférence sont nécessaires pour que la machine politique puisse subsister ; malheureuse la nation chez qui serait rigoureusement suivi le principe contraire ; d'affreux et continuels tiraillemens, l'absence de tout ordre et une stagnation complète dans les affaires en seraient la suite. Les mesures générales sont assurément d'une haute importance , et le choix des hommes chargés de les combiner demande bien des précautions ; mais l'exécution des détails de l'administration a aussi la sienne; c'est surtout lorsque ceux-ci sont confiés à des mains inhabiles, qu'une nation souffre ; dans le premier cas , pour peu qu'il y ait de lumières et de publicité, elle n'est que menacée. Or , les hommes qui connaissent bien une branche et qui entendent la pratique des affaires, ne s'improvisent point ; et celui qui, tout en variant d'opinion avec les chefs de l'état sur certains points, reste cependant au poste qu'on lui a confié , rend souvent à son pays plus de services par cette abnégation de sa manière de penser, qu'il ne le ferait par une rupture éclatante ; surtout, s'il entrevoit une fin prochaine aux erreurs qui le frappent.

Lorsqu'un tel homme passe à la direction générale des affaires le seul fait que dorénavant la responsabilité pèsera sur lui, suffirait pour compléter et souvent pour opérer un changement dans ses idées.

Ce sont la tout au moins des raisons de s'abstenir de juger; elles peuvent exister partout; ici, aussi bien qu'ailleurs ; elles sont applicables au nouveaux membres du conseil aussi bien qu'à tous les hommes qui ont jamais passé d'une branche particulière d'administration au pouvoir suprême. Mais il est d'ailleurs des circonstances d'une telle nature qu'elle viennent changer en certitude ces motifs de douter. Le fait de n'être arrivé au timon de l'état qu'en acceptant de succéder a un pouvoir tombé violemment, en est une. Et elle suffit ici pour faire penser que les successeurs du ministère renversé, n'en partageaient pas pleinement où, tout au moins, n'en partageront plus les vues

En résumé, l'accusation portée contre le cabinet actuel, de vouloir perpétuer le système ancien, est improbable par l'absurdité du ait imputé ; on l'établit sur des actes dout, a raison des circonstances qui les ont entouré, on ne peut ici pas conclure avec certitude ; d'autres faits, et qu'à proprement parler ou pourrait appeller les faits de la cause, indiquent une tendance opposée ; enfin cette inculpation ne tire aucun appui de la circonstance que plusieurs ministres actuels, ont exercé de grandes charges sous leurs prédécesseurs.

Je vais aborder maintenant des considérations générales, moins intéressantes pour le public dans des temps agités comme celui où nous vivons ; mais qui, même alors, et dut-on n'en tenir aucun compte, ont aussi leur prix ; car il faut qu'une opinion si bonne, si vraie qu'elle puisse être, soit de

bonne heure et long-temps répétée, pour pro-
duire un jour son utilité; surtout quand elle tombe
au milieu de passions et d'intérêts en conflit. Je
ne terminerai cependant pas sans dire encore
quelques mots en faveur des voies conciliatoires.

Qu'on se rappelle de combien nous étions en
arrière, il y a quelsemaines, de l'état de la France
en 1822 ; qu'on se rappelle les maux, les alarmes
et les pénibles travaux de cos dernières années ;
qui nous les a valu cependant ? qui nous a
valu le dernier ministère et la domination
du parti prêtre ? Cette même roideur politique
que l'on voit aujourd'hui se refuser à toute espèce
de transaction.

Mais ces prétentions si absolues, sur quoi
sont elles fondées ? Que chaque nuance d'opinion,
dont la plus faible réclame cependant le pouvoir
en entier, compte ses forces et mesure les obstacles : qui a la chance d'un plein succès ? et dans
tous les cas, ne voit-on pas qu'il ne serait que
momentané ?

On attend que la chambre décide la question ;
mais qui en connaît le secret ? Et après avoir
vu le dernier ministère se perdre à la loterie
des élections, les plus sages ne sentiront-ils pàs la
nécessité de n'abandonner que le moins possible
à l'action des causes inconnues.

Dout ou rien, c'est un mauvais système ; et
ceux qui n'ont pas le plus de chances devraient
être corrigés de chercher le bien dans l'excès du
mal.

176